AF602689

Prix : 50 centimes.

GAMBETTA INTIME

SA VIE ET SA FORTUNE

PUBLIÉ

PAR JULES LAFFITTE

Ex-Administrateur-délégué de la *République française*
DIRECTEUR DU *VOLTAIRE*

PARIS
G. CHARPENTIER, ÉDITEUR
13, RUE DE GRENELLE-SAINT-GERMAIN, 13

1879

GAMBETTA INTIME

SA VIE ET SA FORTUNE

PUBLIÉ

PAR JULES LAFFITTE
Ex-Administrateur-délégué de la *République française*,
DIRECTEUR DU *VOLTAIRE*.

PARIS
G. CHARPENTIER, ÉDITEUR
13, RUE DE GRENELLE-SAINT-GERMAIN, 13

1879

UN MOT DE PRÉFACE

En publiant le portrait intime de Gambetta, en exposant, pas à pas et au grand jour, sa vie intérieure, en rendant publiquement justice au grand et honnête caractère qui double cette grande âme française, le *Voltaire* a cru faire acte de patriotisme.

Il nous a semblé que cet hommage répondait au désir de tous les bons Français et de tous les vrais républicains.

Jamais Gambetta n'a daigné s'arrêter aux ineptes calomnies dont l'ont poursuivi les haines de parti et il n'a jamais voulu y répondre ; j'ignore donc ce qu'il pensera des indiscrétions du *Voltaire*. Je dois ajouter que personne ne saurait contester ce que mes collaborateurs et moi avons raconté, car ce portrait a été écrit et revu par plusieurs amis, qui ont, tour à tour et à chaque heure, suivi Gambetta dans sa rapide et prodigieuse carrière, — ce qui donne à ces quelques pages une valeur que n'ont pas toujours les esquisses livrées à la presse quotidienne.

De plus, j'ai pensé qu'au portrait authentique d'un grand citoyen, je devais une publicité durable. C'est dans ce but que j'édite cette brochure.

JULES LAFFITTE,
Ex-Administrateur de la *République française*,
Directeur du *VOLTAIRE*.

Paris, le 14 juillet 1879.

GAMBETTA INTIME

GAMBETTA ÉTUDIANT

Ce n'est point du président de la Chambre que nous voulons parler aujourd'hui ; mais à la veille de cette grande et belle fête du 14 juillet qui va se voir ainsi inaugurée officiellement sous la troisième République par le grand patriote, il nous a paru intéressant de chercher à montrer l'homme intime, celui que la légende de la réaction essaie d'envelopper encore, fabriquée par les échotiers à tant la ligne des journaux à fausses informations.

Nous serons vrais surtout ; nous nous souvenons de la réponse de M. Gambetta à un membre de la commission d'enquête sur les actes du gouvernement de la Défense nationale :

— Soyez convaincu que j'approuve cette maxime familière à Voltaire : « Dieu me garde de mes amis ! »

C'est entendu, et nous voilà fort à l'aise, n'étant point de ces amis dangereux à qui M. Gambetta pouvait penser. L'heure est venue d'écrire nettement la petite histoire d'un homme que la grande emporte déjà.

Pour être complet, disons que Gambetta est né à Cahors, le 30 octobre 1838. On lui donna les prénoms de Léon-Michel. Et, à ce propos, je ne résiste pas à l'envie de citer de suite une curieuse observation d'un de nos camarades à l'École de droit, d'un des confrères de Gambetta à la conférence Molé, qui, me montrant, un soir, à Procope, la liste des membres de cette conférence, me disait avec une franche admiration pour son président, — le président actuel de la Chambre :

— Remarquez ce nom et ces prénoms, et souvenez-vous un peu de toutes les histoires. Gambetta paraît présomptueux, malgré sa très vive intelligence; mais il s'appelle Gambetta, un nom nouveau, presque unique, auquel il ne manque, par conséquent, que l'occasion pour faire éclat de bombe.

Et, comme je l'écoutais, assez étonné de cette réflexion, il reprit:

— J'éloigne d'avance toute idée de comparaison. Mais enfin, quand César parut à Rome, il n'y avait jamais eu un Romain du nom de César, et pour arriver aux temps modernes, avouez que la France a été bombardée du nom inconnu pour elle de Napoléon.

— Un moment, — dis-je, — Napoléon n'était d'abord qu'un prénom.

— D'accord; mais Gambetta s'appelle aussi Léon, comme les grands papes et Michel... comme le grand avocat de Bourges et comme le maréchal Ney.

Je riais fort de cette fantaisie, sans douter de la valeur de Gambetta. Notre ami (il est mort depuis un an avec d'autres prophéties sur les lèvres) se redressa, en s'écriant :

— Ah ! vous ne croyez pas aux noms prédestinés, vous? Vous verrez!

Quel était donc, à cette époque, ce Léon Gambetta qui avait, dans son cercle, des amis si chauds et si inspirés?

Il y avait trois ans qu'il était arrivé à Paris, sortant du lycée de Cahors, où son père, commerçant de cette ville, lui avait fait achever ses études, après un essai infructueux de séminaire à Montauban. Le jeune Léon n'était point fait pour la soutane. Aussitôt reçu bachelier ès lettres, il avait témoigné le désir d'aller faire son droit dans la grande Faculté de France. Gambetta n'était pas seulement un brillant écolier, qui flattait l'amour-propre paternel, mais un de ces esprits curieux et ailés à qui, de bonne heure, l'horizon de la province ne suffit plus et qui l'ont déjà franchi cent fois dans leurs rêves de collège. Le bachelier impétueux s'était donc élancé à de nouvelles luttes intellectuelles.

C'était, en dehors de l'École, un joyeux et bruyant garçon, effilé à cette époque, la tête fière et d'un galbe énergique sous de longs cheveux dru plantés et rejetés derrière l'oreille, la bouche épanouie, la lèvre inférieure naturellement éloquente, l'œil gauche rayonnant et pétillant de feu, l'œil droit large ouvert et mort dans son orbite. Déplorable accident de son enfance, ainsi que cela est conté dans un livre publié ces jours derniers (*Gambetta*, 1869-1879) et dont la première partie, entre autres, est écrite avec l'ardeur et le talent connu d'une plume amie. A l'âge de huit ans, le jeune Léon avait eu la malheureuse idée de regarder de trop près le travail d'un coutelier son voisin.

Les anciens étudiants qui se sont assis en même temps que Gambetta sur les bancs de la Faculté de droit, se rappellent qu'il n'a tenu qu'à lui de devenir un agrégé qui, de l'avis de ses professeurs, eût été l'honneur de l'école enseignante. Ceux qui fréquentaient la Sorbonne n'ont pas oublié le condisciple assidu qui faisait sa joie d'un cours de littérature grecque plus qu'un aspirant à la licence ès lettres. Démosthène se mettait dans la bouche les petits cailloux de la mer et déclamait sur le rivage pour corriger son bégaiement ; l'étudiant Gambetta, rentré dans sa chambre, se plaisait à réciter, en les ranimant du ton et du geste, les plus beaux morceaux de l'orateur grec ; il mâchait, lui, pour exercer sa langue, les pierres précieuses de Démosthène. Notre ami Paul Arène l'a noté avant moi, et tout cela est scrupuleusement exact.

Il y avait, d'autre part, un cabinet de lecture que le récent bouleversement du passage du Commerce a fait disparaître et où, pendant trois ans, Léon Gambetta n'a guère manqué d'aller s'accouder, chaque jour, sur la grande table ovale, plongé en des livres divers, absorbé par une étude de Revue politique, littéraire, philosophique, ou abandonné au courant d'un article de journal.

On ne s'en doutait guère quand il sortait de là avec les allures vives et légères des privilégiés qui ont le travail facile et la digestion du travail instantanée ; mais c'était un studieux.

C'était aussi un expansif. Il allait au devant de la controverse; il cherchait ce pugilat des intelligences d'où jaillit parfois une lumière nouvelle, et il entrait au café Procope ou au café Voltaire. Après l'école réglée et silencieuse, le gymnase libre et mouvementé ; car ces cafés n'étaient pas autre chose à cette époque; demandez à M. Léon Renault, qui, déjà si grave qu'on l'appelait « le substitut », ne craignait pas parfois de se compromettre à Procope à côté du vénérable Coquille, du *Monde*, et de M. Pingard, secrétaire de l'Académie française.

Là, en des réunions intelligentes où l'on buvait beaucoup moins que l'on ne causait, Gambetta avait la place large et la voix haute. Non point qu'il parlât sans cesse: il savait écouter, et mieux que personne. Toute idée différente de la sienne, si elle était juste, le frappait aussitôt; elle faisait la trouée dans son esprit et y éclatait si rapidement qu'il la développait sans plus tarder jusqu'à la dernière déduction, au profond étonnement de celui qui l'avait émise et souvent n'avait pas vu aussi loin.

GAMBETTA AVOCAT

Son droit achevé, Léon Gambetta voulut rester à Paris, malgré les appels de la famille. Ces bons petits bourgeois de Cahors ne voyaient peut-être rien au-dessus d'une étude d'avoué. Il s'agissait bien de cela! Le jeune licencié se fit inscrire au tableau des avocats stagiaires, et c'est alors que nous le trouvons à la tête de la Conférence Molé. Disons plus : il en était la tête même, comme il en a été la vie en ce temps-là, — temps sombre, mais séduisant pour les âmes de combat, dans les années tyranniques de l'empire, où un escadron de républicains de vingt ans secouait la rêne et le mors du despotisme avec autant de fierté que d'indignation.

Gambetta venait aussi d'entrer comme secrétaire dans le cabinet de Crémieux, où Me Laurier était installé en chef. Laurier le connaissait et n'était point fâché de resserrer leurs relations. Ce Berrichon finaud, à museau de fouine, avait de l'ambition, et pour la servir, de l'entregent, de l'intrigue, un esprit sceptique et même un esprit de conduite qui perçait les obstacles à la vrille. Avec son flair, il sentit chez Gambetta la puissance de la cognée qui les abat dans un jour; il se glissa tout près du manche en attendant avec confiance l'heure des premiers coups.

Marquons ici un incident touchant, qui au dévouement intéressé oppose le dévouement absolu. Une vieille tante de Gambetta, une vieille fille, sœur de sa mère, mise au courant des tiraillements qui s'étaient produits entre le neveu et sa famille, avait quitté le village qu'elle habitait aux environs de Cahors et était arrivée à Paris en lui disant :

— Je suis seule, tu es seul aussi, tu as besoin d'un ménage et de quelqu'un pour le tenir, me voilà. J'ai le petit bien que tu sais, ce qui est à moi est à toi : partageons.

C'est la tante même qui nous a, longtemps plus tard, répété ces paroles, que nous avons encore dans l'oreille comme dans la mémoire, relevées de son accent cahorsain.

Et mademoiselle Massabie se mit à capitonner de tous les soins maternels un modeste intérieur de la rue Bonaparte, au quatrième, dont aujourd'hui encore, au Palais-Bourbon, M. Gambetta ne saurait se souvenir sans quelque attendrissement.

Nous voilà, n'est-ce pas ? bien loin du « bohème » qui n'avait jamais logé qu'en garni, selon la grotesque légende réactionnaire.

Dans le cabinet Crémieux, Gambetta apprenait peut-être à triturer des dossiers, mais il n'était guère friand de causes.

Il plaidait peu ; il était à l'étroit dans les procès

ordinaires du Palais de Justice ; il avait la voix trop retentissante pour une chambre de tribunal et le poing trop solide pour la barre de l'avocat.

Et pourtant, il y avait paru une fois avec éclat en 1862 dans l'affaire des 54. Voici en quelles circonconstances.

La sœur d'un des prévenus tenus au secret, était allé trouver Jules Favre pour le prier de défendre son frère, Louis Buette, mécanicien de l'usine Cail. Jules Favre avait répondu.

— Je ne peux, faute de temps, me charger de la défense de votre frère, mais je vais vous adresser à un jeune avocat qui s'en acquittera aussi bien que moi.

Le jeune avocat était Gambetta qui prononça le premier de ses vrais discours et un des plus éloquents en paraphrasant le : *Tu non es amicus Cœsaris !*

Personnellement, je ne l'ai vu qu'une fois au tribunal en ce temps, et encore, s'il m'en souvient, y était-il arrivé en retard. Il plaidait pour Barbey d'Aurevilly, poursuivi en diffamation par le père Buloz de la *Revue des Deux-Mondes*, après un article au *Figaro*. Barbey fut condamné. Etait-ce la faute de l'avocat? Villemessant l'expliquait autrement.

— Voyons, — disait-il à Barbey d'Aurevilly qui venait lui apprendre la nouvelle, sanglé dans sa polonaise, — voyons, comment ne voulez-vous pas être condamné avec une redingote comme ça ?

Les idées de Gambetta étaient ailleurs qu'au palais, et il fallut toute la bizarrerie du hasard pour qu'il y conquît en un seul jour sa destinée tout entière.

Nous ne disons point qu'il était venu à Paris pour être ministre, mais nous croyons qu'il y est resté sous le coup d'une de ces inspirations qu'on ne discute pas, pour apprendre le métier d'homme et d'orateur politique et pour devenir, par la fatalité des événements dont l'issue plus ou moins éloignée n'échappait pas à sa rare clairvoyance, un des représentants du pays.

Les seules élections de 1863 furent pour lui une révélation. Ce Méridional de vingt-cinq ans, à la parole bouillante comme le sang, pressentit plus vivement son avenir, et, dès lors, les séances du Corps législatif n'eurent pas d'auditeur plus assidu que lui. Il y démêlait tous les fils qui mènent une Assemblée, et il mesurait la hauteur de la tribune, se mettant par la pensée à la place de l'orateur et faisant à part soi le discours qui eût dû être prononcé. Il avait le plan et les secrets du champ de bataille parlementaire et il n'attendait plus que le moment d'y paraître à son tour.

Et il fallait le voir à la sortie du Palais-Bourbon! Pour se rompre à l'idée et à la parole, pour étudier le jeu du discours, pour tremper ses forces dans la discussion, il ne demandait pas seulement le cercle d'amis qui s'élargissait autour de lui et où l'on voyait quotidiennement Ranc, Spuller, Castagnary, Isambert ; il cherchait des adversaires qui l'habituassent à la contradiction, au choc et à la riposte. J'en appelle à M. Edouard Hervé et à M. Weiss. Telles étaient les débauches de ce fameux Café de Madrid, où toute la jeune génération, qui savait, qui pensait et qui écrivait, sans distinction de nuances libérales, comme on voit, s'est assise, en effet, autour de Gambetta.

Ainsi, bien avant le mois de novembre 1868, il existait, il avait son rayonnement, il entraînait une légion de contemporains et de congénères dans son orbe politique, par cette force d'impulsion qu'il devait grandement prouver plus tard et qu'il possède à un admirable degré.

Novembre 1868 ! Vous vous souvenez ? La tombe de Baudin venait d'être découverte ; la fosse de l'Empire s'entr'ouvrait.

Un matin, Gambetta descendit, joyeux, ses quatre étages de la rue Bonaparte. Il allait au Palais-de-Justice, non point plaider pour Delescluze, qui était d'une fierté trop farouche pour vouloir être défendu, mais abîmer sous les périodes les plus flétrissantes de Cicéron, sous les expressions les plus écrasantes de Salluste, traduites dans un français au fer rouge, sous un tonnerre de paroles qui grondait en lui depuis dix ans et qui pouvait enfin éclater en pleine lumière, le régime du Deux-Décembre et le gouvernement de Napoléon III.

Quelques mois après, il était deux fois élu député : à Marseille et à Paris.

Le Gambetta politique de la Chambre allait-il gâter le Gambetta intime, celui que nous avons voulu seulement montrer ici ?

GAMBETTA DÉPUTÉ

Évidemment, Gambetta, député, ne pouvait garder le logement, déjà étroit pour l'avocat, qu'il occupait avec la tante Massabie auprès de Saint-Germain-des-Prés. Quant à la tante elle-même, elle lui était plus indispensable que jamais, et plus chère aussi. Il ne lui devait pas seulement les petits soins domestiques ; il lui était reconnaissant de la foi qu'elle avait toujours eue en son avenir et qu'elle proclamait toute frémissante, l'œil étincelant, aux intimes de la première heure :

— Vous m'entendez, s'écriait-elle ; Léon arrivera !

Et, d'un geste volontaire, elle abattait le bras et semblait, comme une prophétesse improvisée, agiter et fixer le destin de l'index de sa main droite.

Le destin commençait à lui obéir. On quitta donc la rue Bonaparte, et la tante procéda à l'emménagement dans un appartement de la rue Montaigne, n° 12.

La maison était d'apparence modeste pour ce quartier des Champs-Élysées, et ce qui eût pu tromper le passant mal renseigné sur la situation intérieure de Gambetta, c'est que deux ou trois écriteaux jaunes des locations en garni pendaient à la porte. L'appartement, du reste, était médiocre, et le nouveau député n'eut pas plus que la simple mademoiselle Massabie l'idée de le relever par un semblant de luxe. Les vieux meubles, les meubles provinciaux de la rue Bonaparte avaient été religieusement transportés et installés rue Montaigne, et, ici comme là, le cabinet de M. Gambetta n'était encore orné que d'un bronze de Mirabeau.

On était plus au large, et la vieille et excellente ménagère, qui continuait à faire elle-même les provisions, n'avait que deux étages à descendre, chose à considérer pour elle, qui était atteinte d'une claudication, plus fatigante avec l'âge. Rien de plus n'était changé dans cette vie commune, qui avait une touchante grandeur dans sa simplicité.

Extérieurement, Gambetta avait toujours sa rondeur, son expansion à lèvres pleines et à main ouverte. S'il ne s'arrêtait plus au café de Madrid en longeant le boulevard, aux heures de loisir, c'est que Madrid n'était plus ce que j'appellerai le club doctrinaire des jours passés, et que sa réputation y avait attiré, après des émissaires de M. Piétri, des brouillons équivoques et dangereux. L'amoureux des belles périodes et de la langue sonore qui récitait autrefois, en s'habillant, des poèmes entiers de Victor Hugo, avait oublié plus d'un matin de mettre une épingle à sa cravate, laquelle tournait alors, certains jours, autour du col droit de la chemise et finissait par chevaucher. Maintenant, il est vrai, la cravate ne tournait plus et l'épingle était mise ; on sentait une inspection plus sévère de la tante Massabie ; mais il n'avait point fait modifier la coupe ordinaire de sa redingote et de son gilet.

Une différence dans sa physionomie qu'il est temps de noter, car elle existait depuis 1867 : le docteur Fieuzal, un ami de Gambetta et un célèbre médecin oculiste, avait pratiqué l'énucléation de ce grand œil crevé dont l'état menaçait d'altérer l'autre. Un œil de verre l'avait remplacé, sans que cela fût remarquable pour qui n'avait pas connu le jeune homme à l'inoubliable prunelle nacrée.

Ce fut un étonnement pour la majorité du Corps législatif que de voir s'asseoir calme à son banc, et avec une gravité naturelle, l'élu de Belleville, dont les députés bonapartistes de la province surtout se faisaient un monstre effroyable. Ces pauvres gens avaient fini par croire que l'éloquence du tribun était venue expirer aux marches du Palais-Bourbon.

— Peuh ! me disait un d'eux, qu'est-ce que ça nous fait, Gambetta ? Je voudrais bien le voir à la tribune !

C'est qu'ils le connaissaient moins que jamais.

Ses familiers seuls savaient les secrets de cette nature particulière dont la circonspection est égale à l'audace, et qui, malgré sa fougue, se ramasse sur elle-même pour préparer un élan plus sûr.

On le vit bien quand, le 5 avril 1870, à propos du projet de plébiscite, Gambetta prononça ce magnifique discours sur le suffrage universel, qui fut son

premier triomphe parlementaire devant une Chambre hostile, et où il montra qu'il avait non seulement pour lui le don d'une incontestable éloquence, mais l'acquis énorme du travail et des longues réflexions. Le silence, coupé de frémissements d'impatience et de surprise, au milieu duquel tombaient solennellement ses paroles, témoignait déjà qu'il y avait dans le tribun un orateur maître de soi, capable de dominer et de charmer une assemblée par la puissance et la souplesse de la voix, fait pour la contenir dans l'ampleur du geste, et de plus un homme politique qui grandirait sur l'horizon troublé du lende main.

Homme politique, prêchant déjà, — notons-le bien, c'est important, — la modération et la discipline, il se montrait tel encore quelques jours après au « banquet de la jeunesse » et dans son discours de Belleville. Le caractère de Gambetta nous appartient dans cette étude intime ; nous sommes donc obligés de l'aller chercher jusque dans ces incidents politiques pour en montrer la ligne très nette, la ligne inflexible, quoi que ses adversaires aient tenté pour la fausser.

En revanche, nous ne rappellerons pas la suite d'événements qui ont amené l'écroulement de l'Empire et le désastre de la patrie. Nous avons hâte d'arriver à ce Quatre-Septembre, que M. Gambetta est accusé tout le premier, par les panégyristes du Deux-Décembre, d'avoir comploté en violant la légalité.

GAMBETTA

MEMBRE DU GOUVERNEMENT DE LA DÉFENSE NATIONALE

Lui-même a répondu à ce sujet devant la commission d'enquête :

— J'étais fort peu porté à voir avec satisfaction le parti, auquel je me fais honneur d'appartenir, hériter d'une situation semblable. Je redoutais un tel héritage, une pareille succession.

Au reste, les témoins de ce grand mouvement populaire du 4 Septembre sont tous d'accord sur l'attitude de Gambetta : le tribun apaisait la foule au lieu de l'exciter; il l'arrêtait au passage au lieu de lui faire ouvrir les portes, et c'était sa voix seule qui arrivait à dominer le tumulte pour demander qu'on respectât l'enceinte du Corps législatif.

Quelqu'un qui l'a vu monter en voiture, à la sortie du Palais Bourbon, me disait :

— Il avait, au lieu de la haute couleur du triomphe, la pâleur de l'homme qui sent le poids d'une telle victoire.

Gambetta fut chargé du ministère de l'intérieur, dans le gouvernement de la Défense nationale. Sans vouloir faire de la politique et de l'histoire, il nous faut pourtant le suivre à grands pas.

Le jeune ministre se trouvait au milieu d'hommes

dont quelques-uns, ceux qui avaient déjà été aux affaires, étaient revêtus de l'autorité de l'âge et de l'expérience. En réalité, la situation était nouvelle pour tous, et aucun d'eux n'avait à opposer l'exemple instructif du passé, quand Gambetta réclamait dès le début que le gouvernement tout entier sortît de Paris, ne comprenant pas qu'une ville assiégée et bloquée le conservât dans son sein.

On apprit un jour que la délégation de Tours avait décidé l'élection d'une assemblée. Émotion profonde. Qu'allait penser Paris ? Il fallait faire tenir un décret à Crémieux pour empêcher la convocation des électeurs. On demanda au ministre de l'intérieur s'il avait un moyen de communication assuré. Mais beaucoup d'émissaires étaient partis depuis l'investissement, et ils avaient été invariablement arrêtés. Comment espérer que d'autres auraient plus de chance d'arriver à Tours?

Gambetta s'offrit pour porter en personne le décret, mais en expliquant, — avec la franchise de son caractère, — la suite de son idée, toujours la même depuis la marche de l'ennemi sur Paris : aller en province pour y organiser la défense. Son projet fut approuvé ce jour-là, et, accompagné de M. Spuller, l'ami fidèle de tous les moments, il prit la route des airs dans ce ballon visé par les fusils prussiens, où tant de plaisantins sans courage n'eussent jamais monté.

Ce qu'il trouva, après avoir touché le sol, nous étions personnellement à même de le voir.

D'une part, un gouvernement sans force, incapable d'être obéi; de l'autre, en face de cette armée prussienne qui, après avoir enveloppé Paris, pouvait se répandre comme une immense tache d'huile, pas un soldat debout sur les bords de la Loire.

Gambetta tombait dans une sorte de néant national. La flamme de son patriotisme ne s'alluma dans ce vide que plus courroucée et plus ardente, et sa foi dans le salut possible lui inspira de tels accents dans sa première proclamation que tout ce qui restait d'âme à la France provinciale en tressaillit. Mais celui qu'on devait bientôt appeler « le dictateur de Tours » ne se contenta point de ce coup de clairon héroïque : il entendait agir comme il avait parlé.

A ce moment, un homme se présenta à lui, qui semblait devoir en être séparé pour plus d'une raison. Sec, froid, réservé, la mine ascétique, la parole frêle, c'était le contraste du bouillant et de l'exubérant ministre de l'intérieur et de la guerre. Gambetta l'entendit, le regarda attentivement. Cela lui suffit; il avait jugé l'homme et il en faisait son bras droit. C'était M. de Freycinet.

Bientôt tout se transforma, tout remua et prit vie autour de ce gouvernement; les cadres militaires commencèrent à exister, et le pays s'aperçut que ce n'étaient pas les hommes qui lui manquaient pour fournir plusieurs armées. Les collègues de Gambetta admiraient cette puissance merveilleuse d'impulsion qui jetait en avant les plus tièdes et les plus désespérés jusque-là.

Il est vrai que, l'œil, l'oreille et la main à tout, il faisait les journées de dix-huit heures pour suffire à sa besogne. Les secrétaires du cabinet — dont Spuller était le chef — n'en pouvaient mais. Disons ici que, ingénieurs ou autres, ils étaient hommes de talent dans leur spécialité. On a souvent parlé de Cavalié, qui pouvait manquer de tenue, mais ne manquait certes pas d'intelligence ; toutefois il n'a jamais été en situation, selon la légende réactionnaire, d'offrir un bock à lord Lyons.

L'armée de la Loire avait ses demi-victoires et ses défaites. En ce dernier cas, les plus fermes étaient abattus autour de Gambetta ; lui, tranquille, impassible, avec cette inébranlable obstination que, chez les beaux joueurs, on appelle *de l'estomac*, il disait :

— Eh bien, nous recommencerons.

Après ces échecs, un grand silence se faisait entre Orléans et Tours. Tout était arrêté, et il semblait que les heures même ne sonnaient plus. Le ministre de la guerre et M. de Freycinet montaient en wagon.

— C'est cela, disait Ranc, qui était venu rejoindre la délégation et avait pris la direction de la sûreté générale. C'est cela ! Allez remonter les pendules ?

Certes, il fallut que Gambetta n'espérât plus pouvoir tenir trois jours de plus à Tours pour transporter le siège du gouvernement à Bordeaux. Là il continua avec âpreté sa vie de lutte et de travail. A Tours, il restait des semaines entières dans son cabinet, ne faisant une courte promenade que le dimanche, dans la voiture du préfet. A Bordeaux, il ne sortait que le soir, quelquefois avec Spuller et Ranc.

Le gouvernement de Paris capitula; navré, anéanti cette fois d'un pareil coup, Gambetta dut se rendre. On sait combien de départements lui témoignèrent leur reconnaissance patriotique en le nommant député aux élections prochaines, et avec quelle délicatesse d'âme il opta pour l'Alsace. Une fois encore, nous laissons de côté les événements. Il est une autre question que nous devons aborder.

Quelle était, au moment où, après l'Alsace arrachée à la France par le traité de paix, son député quitta l'Assemblée, la situation de ce « dictateur » qui avait remué toutes les fortunes de la nation, et à qui, dès cette première heure, on jetait à la tête l'emprunt Morgan, contracté à Londres par M. Laurier, qui dut à Gambetta l'honneur d'avoir rendu dans sa vie un service à son pays?

Elle était fort nette, vous l'allez voir. Les comptes du ministre de l'intérieur et de la guerre n'étaient pas réglés, et il dut emprunter vingt mille francs à son père avant son départ pour Saint-Sébastien. Voilà — nous pouvons en témoigner comme personne — l'exacte vérité.

Nous n'avons pas à défendre le séjour à Saint-

Sébastien de Gambetta. On lui avait enlevé trop complètement toute influence dans le nouveau gouvernement du pays pour qu'il prît une part de responsabilité dans ses actes, et il était trop Français, lui, le patriote par excellence, pour paraître un révolté. D'ailleurs, il était dans un tel état d'épuisement physique, qu'un repos absolu pouvait seul lui rendre la santé.

Mais nous allons le retrouver à Paris, après le discours pacifique de Bordeaux, dans ce même appartement de la rue Montaigne, où nous l'avons vu plus haut, auprès de la vieille tante, qui, enfermée pendant le siège, avait failli « mourir de chagrin » loin de son Léon, et qui disait si bien, avec son accent enflammé :

— Maintenant, c'est fini ; j'ai trop souffert ; rien ne saura plus nous séparer !

GAMBETTA APRÈS LA GUERRE

Gambetta n'avait pas trente-trois ans. Pendant plus de trois mois, il avait, en quelque sorte, tenu la France couchée sanglante sur ses bras, atteint, au milieu des luttes et des angoisses, le plus haut sommet qu'un patriote puisse rêver pour sa gloire, et maintenant il était redescendu dans une demi-obscurité de vie privée, entre la tante Massabie et son secrétaire Sandrique.

Sans plainte, sans amertume, il attendait qu'une heure nouvelle sonnât pour lui, sûr qu'il ne tarderait pas à l'entendre. — Une de ses forces aussi est celle du pressentiment. — Les élections complémentaires du 2 juillet l'envoyaient, en effet, à l'Assemblée de Versailles. Gambetta prit place à son banc sans affectation et sans bruit, ne se donnant pas plus d'importance, tout d'abord, que les collègues qui l'entouraient.

Ses prévisions ou ses espérances ne se trahissaient qu'entre intimes et particulièrement dans les déjeuners du dimanche où se réunissaient autour de quelque ragoût méridional, auquel la tante avait mis la main, les anciens amis, les compatriotes, — les fidèles de tous les instants.

C'est dans l'intimité que l'on agitait depuis la fin

de juin la question d'un journal qui serait l'organe exact, fidèle, de Gambetta et de son groupe et où l'on défendrait le programme de cet admirable discours de Bordeaux qui renfermait toute la doctrine du parti et dont Gambetta n'a pas dévié un seul jour. On peut s'en assurer.

On avait discuté le titre du journal. Quel serait-il? La *Revanche?* Le *Patriote?* Le premier parut prématuré. Le second était trop particulier. Il fallait que le titre fût plus complet. On trouva la *République française.* C'était bien celui qui convenait au journal de Gambetta, que son esprit positif n'a jamais poussé à faire du cosmopolitisme et qui, s'il désirait la république, la voulait surtout pour la France.

Il s'agissait désormais de découvrir ce qui est le nerf d'un journal, plus que de toute autre chose: l'argent. Ce n'était pas aussi facile qu'on le peut imaginer aujourd'hui.

Quelqu'un qui voulait fonder je ne sais quel pensionnat international alla, un jour, chez Gambetta, pour lui démontrer l'excellence de son idée et lui demander son patronage qui, selon ce faiseur de projet, devait apporter ce qui manquait: la caisse.

— Mais, mon cher monsieur, répondit Gambetta, vous ne savez donc pas ce que c'est que de faire venir de l'argent. Songez donc que moi-même, pour moi, pour créer la *République française,* j'ai dû faire appel à tous mes amis pour trouver 100,000 francs.

Le premier capital de fondation fut de 125,000 francs.

Gambetta fut naturellement le directeur politique de la *République française* et Spuller le rédacteur en chef. Ranc et Allain-Targé y écrivaient les articles d'observation incisive et de polémique; Challemel-Lacour, celui qu'on appelait alors le dictateur de Lyon, des articles de fond et des Variétés sur quelque livre grave; Antonin Proust s'occupait de la politique étrangère; Floquet y traitait quelques questions d'actualité; Isambert était à la tête du secrétariat de la rédaction, à laquelle appartenaient également Rigado et Thomson. Challemel-Lacour et Ranc faisaient parfois aussi une incursion dans la galerie des *Caractères et Portraits*, avec d'autres collaborateurs encore, parmi lesquels se trouvait Dyonis Ordinaire, actuellement rédacteur en chef de la *Petite République française.*

Cette galerie fut fermée par prudence au 24 mai.

La *République française*, dont le succès fut assuré dès le premier jour, avait alors ses bureaux rue du Croissant, et excepté dans les cas d'indisposition, Gambetta n'a jamais manqué un soir, malgré le mauvais temps ou la distance, de se trouver à son poste de directeur suprême, jusqu'au jour où la *République française* fut transportée dans son hôtel de la Chaussée d'Antin.

Cet hôtel fut acheté 550,000 francs par l'administration du journal afin d'y concentrer la direction politique, la rédaction, l'administration, une imprimerie, ce qui allait permettre de créer la *Petite République*, cet organe si utile et si populaire.

C'est à la Chaussée d'Antin que Gambetta allait pouvoir donner à son organe toute l'extension nécessaire, créer un centre d'informations embrassant toute la France, grouper toutes les forces vives de son parti et se tenir prêt à la lutte décisive qu'il attendait et qui s'engagea le 16 mai.

A travers toutes ces étapes, la bonhomie de Gambetta ne changeait pas.

Cette affabilité, très réelle chez lui, n'est ni un procédé, ni une faiblesse, mais un épanouissement de l'âme se détendant chaque fois que les circonstances le permettent. Ce politique si autoritaire dès qu'il s'agit des intérêts du pays, ce chef de parti si pénétré des principes de gouvernement et des nécessités de la discipline, a gardé dans la vie privée la gaieté, le sans-façon, ce qu'on peut appeler le sourire de son repos. Il oublie facilement les griefs personnels; très sensible aux marques de sympathie, il est indifférent aux attaques. Ami fidèle, ne craignant pas d'entraîner dans le large courant de sa fortune politique les relations dont la familiarité même aurait pu quelquefois lui sembler encombrante, il est intraitable, en revanche, pour les défaillances de l'honneur. L'incident Francis Ordinaire est resté dans la mémoire de tous les témoins immédiats. Quand il eut lu le procès qui révélait les faits, Gambetta ne dit qu'un mot à son entourage : « Qu'on l'exécute! » Le lendemain, un article court et nerveux paraissait dans la *République française* et supprimait le député de Lyon. Il n'en fut plus question dans la maison. A vrai dire,

M. Francis Ordinaire, cadavre récalcitrant, essaya de protester contre son exécution, jura de se venger, promit aux échos de la presse réactionnaire des révélations écrasantes. Les journaux à scandale étaient pleins d'espoir. M. Francis Ordinaire avait vécu avec les intimes de Gambetta : il devait être au courant des grands et des petits mystères...

Rien ne vint parce qu'il n'y avait rien.

La calomnie est restée d'ailleurs la grande arme de la presse ordre-moralienne contre Gambetta. Que d'allusions à une fortune inexplicable, que de sous-entendus d'autant plus mystérieux qu'ils reposaient sur le vide! Gambetta n'a jamais voulu répondre, ni même laisser la parole à ses amis.

Ici nous allons être indiscret.

LA FORTUNE DE GAMBETTA

Gambetta n'a jamais eu de fortune. Étudiant en droit, il menait une vie plus que modeste ; député sous l'Empire, il a continué la même existence qu'au quartier latin ; chef de la Défense nationale, il est sorti du pouvoir avec des dettes. Nous avons raconté sa vie à l'avenue Montaigne. Le succès de la *République française* devait seul mettre Gambetta dans une position aisée.

Encore faut-il distinguer. Les journaux réactionnaires ont parlé du luxe de Gambetta, de son hôtel, de ses chevaux, de son train de maison. Le luxe... un appartement meublé par le journal avec une grande simplicité ; quelques objets d'art ; des livres, la seule passion de Gambetta. Le train de maison... a-t-on assez parlé des « équipages » de Gambetta? Le tout se réduisait à une voiture de la Société Générale, prise au mois. Coût : 650 francs, mensuellement payés par la caisse du journal. Les domestiques... François, le jeune mobile qui le sert depuis 1870.

Ce qu'il faut dire bien haut, c'est que le journal de la Chaussée d'Antin n'était pas « une affaire » dans la pensée de ses fondateurs, et que « les affaires » y ont toujours été scrupuleusement interdites. Que de propositions, pourtant, que de bénéfices aisés et fructueux, si on l'avait voulu, en ce temps où la haute spéculation essaye de monopoliser la presse !

Voulant dire tout ce que nous croyons utile, il nous paraît intéressant de raconter aussi ce qu'on peut appeler l'incident du discours de Romans. La rédaction, en l'absence du directeur politique, se laissant dominer par des considérations d'ordre purement économique, avait manifesté une opinion favorable à la conversion. M. Gambetta, qui a toujours eu le plus grand respect des convictions, n'intervint pas alors ; mais, plus particulièrement frappé des inconvénients politiques que pouvait avoir cette opération en ce moment de crise, il crut devoir se prononcer en sens contraire à Romans. On fut surpris à la *République française*, mais cela ne changea rien aux relations d'estime qui unissent Gambetta à ses amis. On sait comment il défendit lui-même M. Challemel-Lacour lors du procès de la *France nouvelle*. Disons aussi que M. Allain-Targé, partisan si déclaré de la conversion, réserva son opinion, tout en restant l'ami de la maison.

Passons à la légende Dubochet ; car il y a là une légende. M. Dubochet pensait avec raison et aimait à dire à ses amis que la fortune ne peut pas nuire au chef d'un parti pour lutter avec des adversaires jouissant presque tous de grands avantages pécuniaires. Lui, dont la bourse fut si souvent ouverte pour les besoins de la cause, savait que tout ce que posséderait Gambetta aurait la même destination. Une seule fois, il fit directement allusion à ses projets devant son ami. Ils se promenaient sur le lac de Genève et regardaient les trois splendides maisons de campagne du millionnaire.

— Laquelle trouvez-vous la plus belle ? demanda M. Dubochet.

— Celle-ci, dit Gambetta, en montrant le château des Crêtes.

— Eh bien, dit M. Dubochet en riant, le château sera à vous un jour.

A la mort de M. Dubochet, on a colporté que Gambetta avait fait un gros héritage. En réalité, le testament attribuait toute la succession aux héritiers : M. Guichard et Mme Arnaud. Ces derniers crurent être les interprètes de leur oncle en priant alors son ami d'accepter, en souvenir, une somme de deux millions. Gambetta répondit par un refus amical; qu'il nous en voudra de révéler.

Mais il nous a paru bon de faire connaître un fait qui est à son honneur. Pourquoi ne dirions-nous pas aussi que les bruits des différents mariages, qu'on a fait circuler à plusieurs reprises, ont toujours été des inventions de fabricants de nouvelles?

GAMBETTA PENDANT LE 16 MAI

Au demeurant donc, répétons-le, Gambetta n'a pas de fortune personnelle. Tout son avoir consiste dans la moitié des actions de la *Grande* et de la *Petite République*, qu'il possède à titre d'apport politique et de fondateur. Valeur qui sera considérable un jour pour ses héritiers ; mais valeur nécessairement immobilisée et ne représentant guère qu'une garantie d'avenir. Cette situation bien claire n'a cependant pas empêché les affirmations les plus odieuses d'être publiquement faites. Il les méprisa toujours. Une seule fois, Gambetta eut l'intention de faire justice de ces infamies. M. Oscar de Poli, ancien rédacteur en chef de la *Balançoire* et préfet du 16 Mai, dans le Cantal, l'avait accusé, dans un discours officiel, de malversations pendant la Défense nationale. En ce moment, il pouvait être utile d'édifier de toutes façons l'opinion publique sur la valeur du gouvernement et de ses fonctionnaires. Mais la mort de M. Thiers survint tout à coup et Gambetta oublia d'autant plus aisément M. de Poli que cette mort inattendue l'impressionna vivement. C'était un coup terrible porté à la République au moment le plus critique de la lutte. M. Thiers et Gambetta menaient le combat d'un commun accord. Après les malentendus du début, le danger avait uni ces deux natures si différentes par divers côtés, et il est certain que, sans la mort de M. Thiers, le maréchal se serait retiré après les élections d'octobre. M. Thiers considérait la chose comme indispensable. C'était sur le *modus vivendi* gouvernemental que les deux *leaders* de la gauche venaient de se mettre d'accord, la veille de la catastrophe de Saint-Germain.

M. Thiers comprenait la nécessité de sacrifier certaines idées à l'esprit nouveau ; Gambetta ne contestait pas l'utilité d'étapes régulières. Plus délicates, les questions économiques avaient cependant reçu une solution conforme à l'intérêt de la conciliation : le libre échange et la protection s'étaient trouvés en présence ; on s'était fait des concessions mutuelles. M. Thiers traitait Gambetta en héritier : — C'est pour vous que je travaille, lui disait-il quelques jours avant sa mort, pendant une visite à la Chaussée d'Antin. Je garderai le pouvoir un an ou deux ; vous récolterez où j'aurai semé...

La mort subite de l'illustre homme d'État mettait à néant les négociations si bien conduites. Gambetta restait seul en face de ministres conspirateurs qu'on pouvait croire capables de tout. L'hôtel de la Chaussée d'Antin était entouré d'agents de police ; les amis du tribun lui conseillaient de chercher un autre asile pour dérouter les coups de main... Lui, admirablement tranquille, haussait les épaules : « Vous ne connaissez pas ces gens-là... Ils tremblent sous leur crânerie apparente... Ils auraient peut-être la bonne volonté d'un crime ; ils n'en auraient pas le courage ! »

Ce sang-froid merveilleux en face d'une coalition autoritaire bigarrée de bonapartisme, d'orléanisme, de cléricalisme, hétérogène au fond, mais formidable en apparence, a fait de Gambetta un stratégiste incomparable pendant la crise définitive du Seize-Mai. Il a positivement affolé les Brunet et les Caillaux, les Broglie et les Fourtou, rien que par son calme inaltérable. Lui, l'homme simple par excellence, l'orateur naturel entre tous, ayant une particulière et sainte horreur du pédantisme, il s'est fait pour la circonstance professeur de confiance publique. Il a condensé sa foi républicaine dans un foyer si rayonnant que la France entière a cru comme lui, méprisé comme lui, et que l'échauffourée jésuitique du 16 mai s'est écroulée sous un immense mouvement de dédain. En quelques semaines, malgré les protestations des feuilles réactionnaires et cléricales, malgré les dénégations, les poursuites et les foudres en zinc de l'Élysée, M. Gambetta, forcé de cumuler tous les emplois, à la fois chef d'attaque, tribun et prophète, vit se réaliser sa formule qui était une mise en demeure : « Il faudra se soumettre ou se démettre. »

Ce don des formules, si rare chez les parlementaires contemporains, — M. Thiers l'avait un peu, M. Grévy s'en passe, — ce don exceptionnel et puissant est une des caractéristiques de M. Gambetta. On peut dire de lui qu'il a trois grandes forces : homme privé, la bonhomie (par là j'entends la probité de la conduite et la simplicité des mœurs); homme politique, la foi qui soulève les flots populaires et met l'opinion publique en mouvement; orateur, le don des formules, c'est-à-dire l'art merveilleux, unique de montrer aux masses soulevées, à cette opinion en marche un résultat prochain, un but net et saillant. Si l'on remue la foule avec des idées, on ne la discipline qu'avec un drapeau. Il faut un peu de sensualisme jusque dans ces magnifiques aspirations vers un idéal meilleur, politique ou social, qui sont comme les grandes marées de l'âme des nations.

Ce but à atteindre, ce drapeau à suivre, M. Gambetta a su toujours les montrer, à l'heure voulue, avec la prudence et la mesure nécessaires. Il n'a jamais joué le rôle des explorateurs hasardeux qui entraînent les masses avec eux, sans plan arrêté, sans itinéraire précis, quitte à les faire mourir de faim et de soif dans le Sahara utopiste. Une occupation à la fois vaste et méthodique, une prise de possession conquérant le terrain lieue par lieue, multipliant les points d'appui pour la marche en avant, telle est la discipline matérielle et morale que M. Gambetta impose depuis dix ans à l'armée vaillante de la démocratie française. Si c'est de l'opportunisme, c'est celui des légions romaines plantant chaque soir leurs tentes sur un terrain de passage, comme elles auraient fait leur tombeau pour l'éternité. Avec ces tentes éphémères, mises bout à bout, la grande République a conquis le monde.

GAMBETTA

PRÉSIDENT DE LA CHAMBRE DES DÉPUTÉS

Il ne nous reste plus rien à dire de la vie intime du grand patriote, nous avons voulu faire connaître la vérité, parce que nous l'avons cru utile.

Il y a quelques semaines, M. Gambetta quittait cet hôtel de la Chaussée d'Antin où il a laissé les derniers souvenirs de la bonne fée Massabie, hôtel qu'elle n'habita pas, bien qu'on lui eût pieusement préparé sa place. La chère tante, atteinte de paralysie, était allée vainement chercher la santé à Nice dans la maison modeste du père et de la mère de son cher Léon. Sa mort fut un bien grand chagrin pour Gambetta. Ah! combien elle serait fière aujourd'hui de le voir dans ce palais, — d'où son souvenir ne doit pas être absent, — inaugurant la grande fête nationale du 14 juillet, célébrant Paris redevenu la grande capitale, entouré, lui, le grand Français, par tous les grands citoyens de France; elle l'y verrait au milieu de ce groupe d'hommes éprouvés qui l'ont suivi fidèlement à travers les vicissitudes de sa fortune, après s'être formés à son école, prêts, avec un chef si puissant, à prendre en main les destinées de la France.

Gambetta, homme d'opportunité pour les événements et les hommes, ne transigera jamais, pour son compte personnel, sur l'application de ses principes. Voilà pourquoi il sait que son heure n'est pas encore venue.

Mais elle viendra !

Paris, 14 juillet 1879.

FIN.

Paris. — Imp. E. Capiomont et V. Renault, rue des Poitevins, 6.

www.ingramcontent.com/pod-product-compliance
Ingram Content Group UK Ltd.
Pitfield, Milton Keynes, MK11 3LW, UK
UKHW021957260726
13994UKWH00004B/1800

9 782329 441108